KB266745

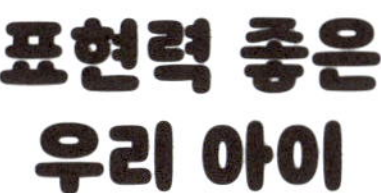

국어를 좋아해

명사

글 도치맘 주인마님(김정해) · 그림 김소희

기린미디어

《국어를 좋아해 – 명사》 어떻게 하면 더 잘 배울까?

《국어를 좋아해》 시리즈는 다양한 단어의 뜻과 쓰임을 설명하고 어휘력을 키워 주는 책이에요.
〈명사〉, 〈형용사〉, 〈동사〉, 〈의성어·의태어〉 총 4권으로 이루어져 있어요.

명사

명사란 사람이나 사물 등의 이름을 가리키는 말이에요.

먼저 단어가 포함된 **예문**을 살펴보아요.

예문과 함께 **재미있는 그림**으로 문장을 익혀요.

‘학교’, ‘엄마’, ‘아빠’, ‘집’, ‘하늘’, ‘바다’와
같은 말들이 모두 **명사**랍니다.

명사를 통해
사물의 정확한 이름과 뜻을 익혀 보세요.

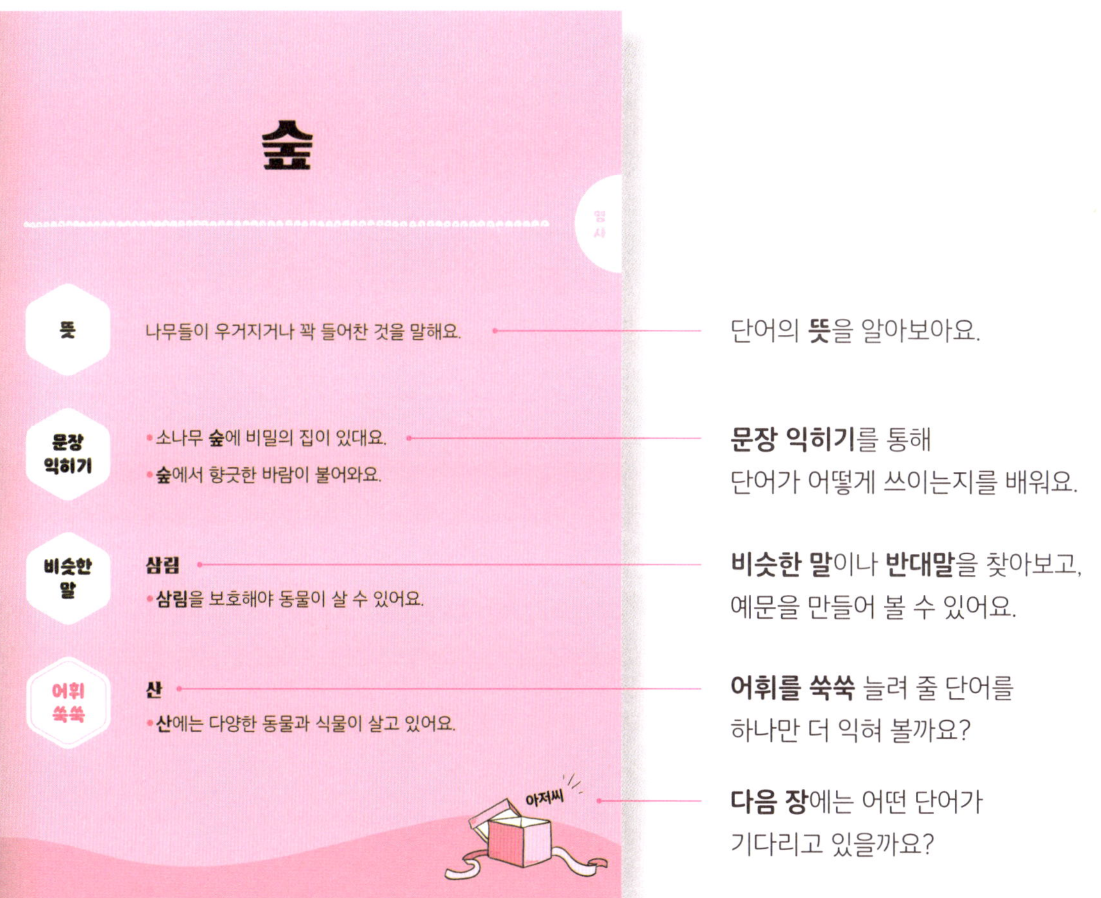

단어의 **뜻**을 알아보아요.

문장 익히기를 통해
단어가 어떻게 쓰이는지를 배워요.

비슷한 말이나 **반대말**을 찾아보고,
예문을 만들어 볼 수 있어요.

어휘를 쑥쑥 늘려 줄 단어를
하나만 더 익혀 볼까요?

다음 장에는 어떤 단어가
기다리고 있을까요?

차례

놀이공원에서 **끝**까지 놀았어요.

끝

뜻

시간의 맨 마지막, 공간의 맨 마지막,
차례의 맨 마지막을 말해요.

문장 익히기

- 저 길 **끝**에 우리 집이 있어요!
- 두꺼운 동화책을 **끝**까지 다 읽었어요.

비슷한 말

종료

- 풍선 나눠 주는 이벤트가 **종료**되었어요!

반대말

처음

- 아기 때 내가 **처음**으로 한 말은 '엄마'래요!

저 건물의 **높이**를 잴 수 있어요?

높이

높고 낮은 정도를 말해요.

- 파도의 **높이** 때문에 배를 띄울 수 없어요.
- 다리 **높이**가 높아서 지나가기 무서워요.

키

- 나무가 자라서 **키**가 커졌어요.

자

- 높이를 재려면 **자**를 가져오세요.

깜깜한 **밤**이 되었어요.

밤

뜻

해가 져서 어두워진 때부터
다음 날 해가 뜨기 전까지를 말해요.

문장 익히기

- 늦은 **밤** 전화가 울렸어요.
- 더 놀고 싶은데 벌써 **밤**이에요.

반대말

낮
- 여름철에는 **낮**이 길어요.

어휘 쑥쑥

하루
- 낮과 밤을 더하면 **하루**가 되어요.

색

색이 예쁘다고 꽃을 꺾으면 안 돼.

색

뜻

빛에 따라 나타나는 밝고 어두운 정도로,
빨강, 노랑 같은 특유의 빛이나 물감을 말해요.

문장 익히기

- 새로 산 물감은 24**색**이에요.
- 여러 가지 **색**으로 칠해 볼까?

비슷한 말

색깔, 빛깔

- 할머니 한복 **색깔**이 고와요.
- 무지개는 일곱 **빛깔**이에요.

어휘 쏙쏙

색상

- 다양한 **색상**으로 옷을 만들었어요.

생일은 언제나 즐거워!

생일

뜻

세상에 태어난 날을 가리키는 말로,
해마다 이날을 기념하지요.

문장 익히기

- 내 **생일**은 6월 1일이야. 꼭 기억해 줘.
- **생일**에는 왜 미역국을 먹나요?

비슷한 말

탄신, 생신

- 임금이나 업적이 뛰어난 사람의 생일을 **탄신**이라고 해.
- 어른들의 생일은 '**생신**'이라고 높여 말해.

어휘 쏙쏙

돌

- 태어나서 처음 맞는 생일을 '**돌**'이라고 해.

선물을 받으면 기분이 좋아.

선물

뜻

남에게 좋은 마음으로 어떤 물건 등을 주는 것을 말해요.
또는 남에게 주는 물건을 가리켜요.

문장 익히기

- 내 마음을 담은 **선물**을 친구가 좋아해야 할 텐데.
- 엄마는 내가 우리 집에 온 가장 큰 **선물**이래요.

비슷한 말

사례

- 고마운 마음을 담아 작은 **사례**라도 해야겠어.

어휘 쏙쏙

손씻이

- 이웃들이 농사일을 도와준 것에 대해 **손씻이**로 감을 나눠 주었다.

수박 **속**이 빨갛게 잘 익었네!

속

| 뜻 | 겉이나 껍질로 싸인 물체의 안쪽 부분을 말해요. |

문장 익히기

- 밤껍질을 벗기니 **속**에 벌레가 있었어요.
- 호두는 껍질은 딱딱해도 **속**은 고소하고 맛있어요.

비슷한 말

안

- 가방 **안**에 무엇이 들어 있나요?

반대말

겉, 바깥

- 이 열매는 **겉**만 번지르르하고 맛은 없어요.
- 집에만 있지 말고 **바깥**으로 나가 보렴.

깊은 **숲**에서 커다란 곰을 만났어요!

숲

뜻	나무들이 우거지거나 꽉 들어찬 것을 말해요.

문장 익히기
- 소나무 **숲**에 비밀의 집이 있대요.
- **숲**에서 향긋한 바람이 불어와요.

비슷한 말

삼림
- **삼림**을 보호해야 동물이 살 수 있어요.

어휘 쑥쑥

산
- **산**에는 다양한 동물과 식물이 살고 있어요.

옆집에 사는 **아저씨**는 참 친절해요.

아저씨

가족이나 친척이 아닌 보통의 남자 어른을
부르는 말이에요.

- 문구점 주인**아저씨**가 지우개를 선물로 주셨어요.
- 군인 **아저씨**에게 고마운 마음을 담아 편지를 썼어요.

아주머니
- **아주머니**가 저를 크게 불렀어요.

어른
- 빨리 자라서 **어른**이 되고 싶어요.

길을 걸을 때는 **앞**을 똑바로 봐야 해.

앞

뜻	보고 있거나 가고 있는 방향이나 장소를 가리켜요.

문장 익히기
- 학교 **앞**에 책방이 생겼어요.
- 내 **앞**에 앉은 친구가 자꾸 고개를 흔들어요.

반대말

뒤
- 내 **뒤**에 앉은 친구가 속삭이며 불렀어요.

어휘 쑥쑥

방향
- 어느 **방향**인지 몰라서 길을 잃어버렸어요.

엄마, 나, 동생은 모두 **여자**예요.

여자

뜻

여성으로 태어난 사람을 가리켜요.

문장 익히기

- 목욕탕에 갈 때 **여자**는 여탕으로 가야 해요.
- **여자** 축구팀이 금메달을 받았어요.

반대말

남자

- **남자**라고 모두 힘이 센 건 아니에요.

어휘 쑥쑥

성별

- 엄마의 **성별**은 여자예요.

무서워서 엄마 **옆**에 꼭 붙어 있었어요.

옆

뜻	어떤 사물의 오른쪽이나 왼쪽, 또는 그 근처를 가리켜요.

문장 익히기

- 길을 건널 때는 앞만 보지 말고 **옆**도 잘 봐야 해.
- 상자 **옆**이 다 찌그러졌어요.

비슷한 말

근처
- 슈퍼 **근처**에 미술 학원이 있어요.

어휘 쑥쑥

곁
- 할머니 **곁**에 앉아 노래를 불렀어요.

옛날에 호랑이가 많았대요.

옛날

뜻

꽤 오래 지난 시기를 말해요.
지나간 날을 가리키기도 하지요.

문장 익히기

- **옛날**에 호랑이가 담배를 피웠다고요?
- 우리 엄마는 **옛날**에 아주 날씬했대요.

비슷한 말

예전

- 사람들은 **예전**에 먼 길도 걸어 다녔대요.

반대말

미래

- **미래**에는 우주에서 살 수 있을까요?

오늘은 즐거운 소풍날이에요!

오늘

뜻

지금 지나가고 있는 이날을 가리켜요.
우리가 아침에 일어나 시작하는 바로 그날이에요.

문장 익히기

- **오늘**은 비가 오지 않아 다행이에요.
- 나는 **오늘** 아이스크림을 꼭 먹을 거예요.

비슷한 말

금일

- **금일** 안으로 서류를 모두 보내 주세요.

어휘 쑥쑥

어제, 내일

- **어제**는 하루 종일 눈이 내려 길이 미끄러웠어요.
- 숙제는 **내일**까지 해도 될까요?

나는 **할아버지**와 닮았어요.

할아버지

뜻

부모님의 아버지를 부르는 말이에요.

문장 익히기

- **할아버지**는 저를 많이 사랑해 주세요.
- 소영이네 **할아버지**는 소영이가 태어나기도 전에 돌아가셨대요.

비슷한 말

조부

- 아빠의 **조부**는 독립운동을 하셨다고 들었어요.

반대말

할머니

- **할머니**와 나는 발가락이 닮았어요.

오늘 아침에도 둥근 **해**가 떴습니다!

해

뜻	태양을 부르는 말이에요.

문장 익히기

- 바다 위로 **해**가 솟아올랐어요.
- **해**가 보이지 않을 만큼 미세먼지가 많아요.

비슷한 말

태양

- **태양**이 뜨거워서 아이스크림이 녹았어요.

반대말

달

- 낮에는 해가, 밤에는 **달**이 우리를 비춰 주지요.

혼자서도 잘할 수 있어요!

혼자

뜻	다른 사람과 어울리거나 함께 있지 않고 그 사람 한 명만 있는 상태를 가리켜요.

문장 익히기

- **혼자** 놀아도 재미있지만 함께 놀면 더 재미있어요.
- 수학 숙제는 어려워서 **혼자** 하기 힘들어요.

비슷한 말

홀몸

- 할머니는 **홀몸**으로 아빠와 삼촌을 키웠대요.

어휘 쑥쑥

여럿

- **여럿**이 모여서 짐을 날랐어요.

피노키오는 **거짓말**을 할 때마다 코가 길어져요.

거짓말

뜻	사실이 아닌 것을 사실인 것처럼 꾸며서 말하거나, 그렇게 꾸며 한 말을 가리켜요.

문장 익히기
- 배 아프다고 **거짓말**을 했어요.
- 친구가 **거짓말**을 해서 나를 속상하게 했어요.

비슷한 말

낭설
- 여름에 눈이 왔다는 **낭설**이 퍼졌다.

반대말

참말
- 그 소문은 **참말**인 것 같아요.

그때 문을 두드리는 소리가 들렸어요.

그때

앞에서 이미 이야기한 시간 중 바로 그 시간,
또는 그 부분을 가리켜요.

- 할머니를 만난 **그때**가 아직도 생생히 기억난다.
- 내가 버스에서 내리는 **그때** 갑자기 비가 내렸다.

당시

- 도둑이 든 그 **당시**에 어디 있었죠?

이때

- **이때**까지 숙제를 안 했다고?

나도 친구처럼 **글씨**를 잘 쓰고 싶어요.

글씨

누군가가 어딘가에 쓴 글자의 모양을 가리켜요.

- 우리 엄마는 얼굴처럼 **글씨**도 예뻐요.
- 내 친구 서연이는 **글씨**를 또박또박 잘 써요.

필적
- 세종대왕의 **필적**은 훌륭하다고 배웠어요.

문자
- 우리나라 사람이 쓰는 **문자**는 한글이에요.

나는 우리 집 귀여운 **딸**이에요.

딸

뜻

여자로 태어난 자녀를 말해요.
부모님이 여자인 자식을 부를 때 쓰는 말이에요.

문장 익히기

- 고모가 예쁜 **딸**을 낳았대요.
- 할머니는 **딸**을 많이 낳아서 행복했대요.

비슷한 말

여식

- 제 **여식**이 많이 부족하지만 예쁘게 봐주십시오.

반대말

아들

- 포도나무 집 **아들** 삼 형제는 사이가 좋아요.

인형을 침대 **밑**에서 찾았어요!

밑

| 뜻 | 물체의 아래나 아래쪽을 가리켜요. |

뜻

물체의 아래나 아래쪽을 가리켜요.

문장 익히기

- 다리 **밑**에 물고기가 많이 살고 있대요.
- 책상 **밑**에 지우개 가루가 엄청 많이 떨어져 있어요.

비슷한 말

아래

- 지붕 **아래**로 떨어진 옷을 찾을 수 있을까?

반대말

꼭대기, 위

- 나무 **꼭대기**에서 새소리가 들려온다.
- 건물 **위**로 올라가면 바다가 다 보여요.

사이좋게 **반**씩 나누어 먹자.

반

뜻
어떤 것을 둘로 똑같이 나누었을 때
나눈 것의 한 부분을 가리켜요.

**문장
익히기**
- 밥을 **반**이나 남기면 어떻게 하니?
- 양념치킨이랑 프라이드치킨을 **반**씩 넣어 주세요.

**비슷한
말**

절반
- 종이의 **절반**을 접어서 자르면 모양이 똑같아요.

**어휘
쏙쏙**

중간
- 우리 집은 학교에서 가게로 가는 길 **중간**에 있어요.

새로운 **병균** 때문에 환자가 늘었어요.

병균

뜻

우리의 몸속에 들어와 병을 일으키는 균을 말해요.

문장 익히기

- **병균**이 옮지 않게 손을 깨끗이 씻어야 해요.
- **병균**을 없애기 위해 새로운 약을 개발했어요.

비슷한 말

병원균

- 아기는 **병원균**이 옮기 쉬우니 조심해야 해요.

어휘 쑥쑥

바이러스

- **바이러스**에 감염되어 병에 걸렸어.

벌써 학원에 갈 **시간**이에요.

시간

어떤 시각에서 어떤 시각까지를 말하기도 하고, 시간의 어느 시점을 말하기도 해요.

- 게임을 하면서 **시간**을 보냈어요.
- 약속 **시간**에 또 늦겠네.

시각

- 해 뜨는 **시각**이 언제인가요?

시계

- 엄마가 예쁜 **시계**를 사 주었어요.

애벌레가 배춧잎을 정말 좋아해요.

애벌레

뜻	알에서 나와 아직 다 자라지 않은 벌레를 가리켜요.

문장 익히기

- 친구가 **애벌레**가 무섭다며 소리를 질렀어요.
- **애벌레**가 꼬물꼬물 기어가는 것을 지켜보았어요.

비슷한 말

유충
- 어떤 **유충**은 미래에 먹을 수 있는 곤충 식량이래요.

반대말

성충
- **성충**이 되면 곤충도 짝짓기를 해요.

열쇠를 잃어버리지 않게 잘 챙겨야지!

열쇠

뜻

자물쇠를 잠그거나 열 때 사용하는 물건이에요.

문장 익히기

- 번호 키로 바꾸었더니 이제 **열쇠**가 필요 없어요.
- 이 자물쇠에 맞는 **열쇠**를 만들어 주세요.

반대말

자물쇠

- 아무리 단단한 **자물쇠**라도 열쇠가 없으면 소용없어.

어휘 쑥쑥

잠금장치

- 열쇠와 자물쇠를 통틀어 **잠금장치**라고 해요.

윗도리를 거꾸로 입은 것 같아.

윗도리

뜻	옷 중에서 윗몸에 입는 옷을 가리켜요.

문장 익히기
- 친구 **윗도리**에 주스가 튀었어요.
- **윗도리**가 작아져서 동생에게 주었어요.

비슷한 말

상의
- 우리 학교 체육복 **상의**는 파란색이에요.

반대말

아랫도리, 하의
- **아랫도리**의 고무줄이 늘어나 자꾸 흘러내려요.
- 여름에 입는 운동복 **하의**는 반바지예요.

책방에 재미있는 책이 많아요!

책방

뜻

책을 갖추어 놓고 팔거나 사는 가게를 말해요.

**문장
익히기**

- 우리 동네에 **책방**이 많아서 좋아요.
- 모퉁이를 돌면 **책방**이 모여 있는 골목이 나와요.

**비슷한
말**

서점

- 작가님이 코끼리 **서점**에 오신다고 했어요.

**어휘
쑥쑥**

출판사

- **출판사**에서 만든 책을 가져다주었어요.

달리기 대회에서 일등 했어요!

달리기

뜻

두 다리를 이용해 달음질하는 것을 말해요.

문장 익히기

- 우리 형은 **달리기**를 잘해서 육상 선수가 되었어요.
- 운동회의 꽃은 **달리기** 시합이에요.

비슷한 말

뜀박질

- 엄마는 어렸을 때 달리기를 **뜀박질**이라고 불렀대요.

어휘 쑥쑥

경주

- 누가 빠른지 **경주**해 보자!

일 **더하기** 일은 이가 맞죠?

더하기

뜻

덧셈을 하는 것을 말해요.

문장 익히기

- **더하기**는 이제 자신 있어요.
- 세 자릿수 **더하기**는 너무 어려워요.

비슷한 말

덧셈

- **덧셈**을 배우면 편리한 점이 많아요.

반대말

빼기

- 더하기를 잘하면 **빼기**도 당연히 잘하겠죠?

누가 내 책상에 사탕 **묶음**을 놓았지?

묶음

뜻	한데 모아서 묶어 놓은 덩이를 가리켜요.

문장 익히기

- 연필을 한 **묶음**이나 선물 받아서 기분이 좋아요.
- 창고에 있는 상자 **묶음**을 가져다주세요.

비슷한 말

다발, 꾸러미

- 엄마가 아빠에게 꽃**다발**을 주었어요!
- 산타 할아버지가 선물 **꾸러미**를 주셨어요.

어휘 쑥쑥

낱개

- 떡을 **낱개**로 포장해야 하나씩 나눠 줄 수 있어요.

동물의 **울음**을 흉내 내자!

울음

뜻

우는 일 또는 우는 소리를 가리켜요.

문장 익히기

- 친구는 **울음**을 그치지 않았어요.
- 할머니 앞에서 울지 않으려고 **울음**을 참았어요.

비슷한 말

울음소리
- 산새 **울음소리** 때문에 귀가 아팠어요.

반대말

웃음
- **웃음**을 참느라 얼굴이 빨개졌어요.

크기가 나보다 큰 인형을 선물 받았어요!

크기

뜻	사물의 넓이, 부피, 양 따위의 큰 정도를 말해요.

문장 익히기
- 이 가방은 **크기**만 크고 생각보다 가벼워요.
- 과자의 **크기**가 모두 다르네.

비슷한 말

면적
- 이 상자의 **면적**이 생각보다 커요.

어휘 쏙쏙

무게
- 상자가 커서 **무게**도 많이 나갈 것 같아요.

눈치만 보다가 아이스크림이 녹아 버렸네.

눈치

남의 마음을 살펴 알아내거나 속으로 생각하는 것이 겉으로 드러나는 거예요.

- 물그릇을 엎은 강아지가 **눈치**를 보고 있어요.

- 너는 왜 그렇게 **눈치**가 없니?

낌새

- 도망칠 **낌새**를 전혀 알아채지 못했다는 거니?

눈치작전

- 사람들이 좋은 자리를 차지하려고 **눈치작전**을 벌였어요.

태풍 때문에 **지붕**이 날아갔어요.

지붕

뜻

집의 맨 꼭대기 부분을 덮어 씌우는 덮개를 말해요.

문장 익히기

- 할머니 댁 **지붕**에 고드름이 매달렸어요.
- 한옥은 기와로 **지붕**을 덮었어요.

비슷한 말

덮개

- 강아지 집에 **덮개**를 씌웠어요.

어휘 쑥쑥

뚜껑

- 음식이 담긴 그릇은 **뚜껑**을 꽉 닫아야 해요.

모둠 친구들과 함께 성을 만들었어요.

모둠

<table>
<tr><td>뜻</td><td>학교에서 수업할 때 학생들을 몇 명씩 묶어서 만든 모임을 말해요.</td></tr>
</table>

뜻

학교에서 수업할 때 학생들을 몇 명씩 묶어서 만든 모임을 말해요.

문장 익히기

- 나와 서연이는 한 **모둠**이 되었어요.
- 소풍 때 **모둠**끼리 장기 자랑을 하기로 했어요.

비슷한 말

조
- 1**조**부터 3**조**까지는 운동장에 모이세요.

어휘 쑥쑥

동아리
- 우리 **동아리** 친구들은 모두 책 읽기를 좋아해.

별똥별이 떨어질 때 소원을 빌어야 해요.

별똥별

뜻

유성을 부르는 말이에요.
지구로 날아와 빛을 내며 떨어지는 물체예요.

문장 익히기

- 하늘에서 **별똥별**이 떨어졌어요!
- **별똥별**을 보느라 밤을 꼴딱 새웠어요.

비슷한 말

유성

- 떨어지는 **유성**을 기억하려고 기념사진을 찍었어요.

어휘 쑥쑥

별자리

- 밤하늘을 보면 다양한 **별자리**를 발견할 수 있어요.

어둠 속에서 작은 불빛을 따라갔어요.

어둠

뜻

어두운 상태, 또는 그런 때를 말해요.

문장 익히기

- **어둠**이 걷히자 태양이 떠오르기 시작했어요.
- **어둠**을 뚫고 우리는 사냥을 떠났어요.

비슷한 말

암흑

- 밤이 되자 마을이 **암흑** 속에 잠겼어요.

어휘 쑥쑥

빛

- 어둠 속에서 저 멀리 환한 **빛**이 보였어요.

지난번처럼 지지 않을 거야!

지난번

뜻

말하는 때 이전의 지나간 차례나 때를 가리켜요.

문장 익히기

- **지난번**처럼만 열심히 하면 돼.
- 너 **지난번**에 다시는 안 그런다고 약속했잖아!

비슷한 말

저번, 앞서

- **저번**처럼 순서대로 줄을 서 주세요.
- 우리는 **앞서** 큰 승리를 거두었어요.

어휘 쑥쑥

과거

- **과거**에는 우리 동네에 커다란 나무가 있었대요.

찾아보기 가나다순

글 도치맘 주인마님(김정해)

가톨릭대학교에서 독서 교육을 전공했습니다.

어린이들의 읽기와 학습에 관심을 가지고 관련 교재를 연구, 개발하는 일을 하고 있습니다.

최고의 엄마표 교육을 실천하는 약 39만 회원의 도치맘(도치엄마들의 생각키우기) 카페 운영자입니다.

엄마가 가장 좋은 선생님이 될 수 있다고 믿으며, 어린이들을 위한 좋은 책과 교구를 소개합니다.

만든 책으로 《이미지 한글 카드》가 있습니다.

도치엄마들의 생각 키우기 https://cafe.naver.com/dochithink

그림 김소희

대학에서 시각 디자인을 공부한 뒤 만화와 일러스트를 그리며 고양이들과 함께 북적북적 살고 있습니다.

만화책 《반달》을 쓰고 그렸으며, 그린 책으로 《다음 세대를 위한 북한 안내서》《세상에서 가장 슬픈 여행자, 난민》

《동계 올림픽 완전 대백과》《어린이 대학, 생물》《지구를 구하는 발명책》 등이 있습니다.

잡지 《함께 사는 길》《어린이 동산》에 만화를 연재했습니다.

국어를 좋아해 명사

초판 1쇄 발행 2020년 10월 9일

기획·글 도치맘 주인마님(김정해) | **그림** 김소희 | **펴낸곳** 기린미디어 | **펴낸이** 김민영 | **편집** 책읽는메리 | **디자인** 구민재page9
출판등록 2016년 4월 26일 제2016-000009호 | **주소** 경기도 김포시 모담공원로17
전화 0505-302-2381 | **팩스** 0505-300-2381 | **전자우편** hsw2381@naver.com

ISBN 979-11-962625-6-3 74710 | 979-11-962625-5-6 74710(세트)

이 도서의 국립중앙도서관 출판예정도서목록(CIP)은 서지정보유통지원시스템 홈페이지(http://seoji.nl.go.kr)와 국가자료종합목록
구축시스템(http://kolis-net.nl.go.kr)에서 이용하실 수 있습니다. (CIP제어번호 : CIP2020039019)
잘못 만들어진 것은 바꾸어 드립니다.

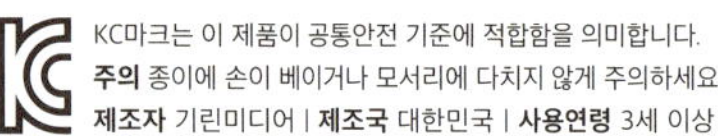
KC마크는 이 제품이 공통안전 기준에 적합함을 의미합니다.
주의 종이에 손이 베이거나 모서리에 다치지 않게 주의하세요.
제조자 기린미디어 | **제조국** 대한민국 | **사용연령** 3세 이상